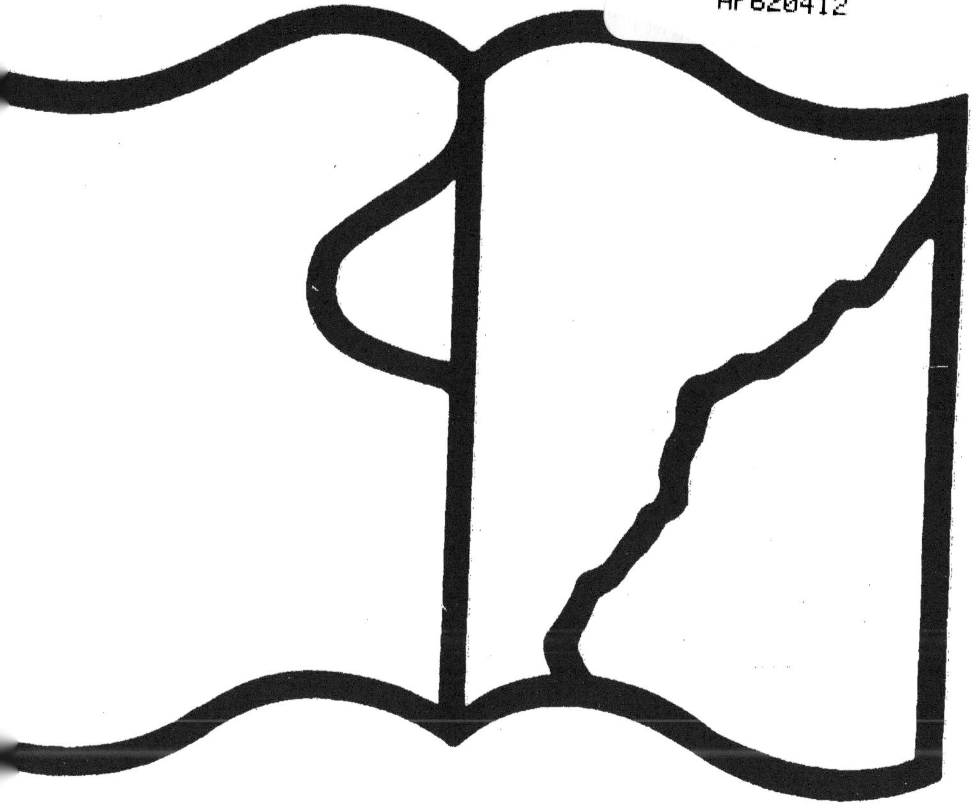

Texte détérioré — reliure défectueuse

NF Z 43-120-11

MONOGRAPHIE

DE

L'HOTEL DE SAGAN

PAR

J. SILLERY

IMPRIMERIE JULIEN FRAZIER
43, Rue La Fayette, 43

1909

L'HOTEL DE SAGAN

Situé au n° 57 de la rue St-Dominique, près de l'esplanade des Invalides, l'hôtel de Sagan, un des plus beaux hôtels de Paris et des plus célèbres, peut-être le plus somptueux, véritable palais, s'est appelé d'abord l'hôtel de Monaco.

Le marquis de Pomponne, fils du ministre de Louis XIV, avait acheté ces terrains qui étaient l'extrémité du faubourg St-Germain et y avait fait bâtir une maison vers 1730; mais ce fut la princesse de Monaco, née Brignole, qui fit bâtir ce magnifique hôtel en 1784, par le grand architecte Brongniart.

Confisqué par la Révolution, comme bien d'émigré, cet hôtel fut donné en 1799, à Siéyès en échange du domaine de Crosnes qui lui avait été conféré par une loi spéciale, à titre de récompense nationale.

Siéyès vendit l'hôtel en 1808, au maréchal Davout, prince d'Eckmühl. La princesse d'Eckmühl devenue veuve, le revendit en 1838 à un riche banquier hollandais, M. Hope. Celui-ci mourut en 1855, et l'hôtel, mis en adjudication, fut acheté par le baron Seillière qui le légua en 1873, à sa fille la princesse de Sagan. Il appartient aujourd'hui à M. Jacques Seligmann.

Telle est, en résumé, l'histoire de cet hôtel. Elle mérite d'être contée plus en détail, car elle conduira le lecteur à travers les milieux les plus élégants du dix-huitième et du dix-neuvième siècles.

L'HISTOIRE
DE L'HOTEL DE SAGAN

LE MARQUIS DE POMPONNE

Le faubourg Saint-Germain, au commencement du dix-huitième siècle, ne s'étendait pas jusqu'à l'Esplanade des Invalides dont l'hôtel commencé par Louis XIV, s'élevait en plein désert, ou peu s'en faut.

Le marquis de Pomponne fut des premiers à acheter de ces terrains, au-delà de la rue de Bourgogne.

Il ne fit bâtir qu'un hôtel sans grande importance. St-Simon résume ainsi la biographie de ce personnage : « M. de Pomponne (le ministre de Louis XIV, mort en 1699), ne fut pas heureux dans ceux de ses enfants qui se destinèrent au monde. Le cadet, qui promettait, fut tué de bonne heure, à la tête d'un régiment de dragons; l'aîné (celui dont il s'agit ici), épais, extraordinaire, avare, obscur, quitta le service, devint apoplectique, et fut toute sa vie, compté pour rien, jusque dans sa famille. L'abbé de Pomponne fut aumônier du roi. »

Ce cadet, colonel de dragons, mérite une mention spéciale : il s'illustra en effet à la bataille de Fleurus, en 1690, et contribua à la victoire, en prenant successivement deux redoutes, à la tête de son régiment. Il fut tué, un peu plus tard, au siège de Mons.

LA PRINCESSE DE MONACO

Il y a dans Paris, plusieurs hôtels anciens qui portent le nom de Valentinois, Monaco et Matignon, ayant tous appartenu à quelque membre de la maison de Goyon-Matignon, substituée aux Grimaldi de Monaco à qui Louis XIV, en récompense de services rendus à la France, avait donné le duché de Valentinois avec le marquisat des Baux.

Ce duché de Valentinois avait eu de singulières fortunes. Il comprenait Valence et Montélimar, et avait été créé et donné par Louis XII, à César Borgia; il avait appartenu ensuite à Diane de Poitiers, et depuis Louis XIV, le fils aîné des princes régnants de Monaco, porte ce titre français.

Il y a un hôtel de Valentinois, rue St-Guillaume; un autre à Passy, rue Raynouard. L'hôtel de Matignon, rue de Varennes, est devenue l'hôtel de Galliera, et c'est aujourd'hui l'hôtel de l'ambassade d'Autriche-Hongrie. La Présidence du Conseil

Celui dont nous parlons ici s'est appelé à cette époque, plus spécialement, l'hôtel de Monaco. Il fut bâti en 1784 par le grand architecte Brongniart, né en 1739, mort en 1813. C'est lui, on le sait, qui fit le plan de la Bourse de Paris, et en posa la première pierre en 1808.

Il était déjà célèbre quand la princesse de Monaco le chargea de la construction de cet hôtel. Le premier, il avait réagi contre les fioritures du style Louis XV, et ramené l'architecture aux styles plus simples et plus nobles de la Grèce et de Rome.

Il a construit bon nombre d'hôtels à Paris, mais la plupart ont disparu, comme l'hôtel d'Osmond qui était rue Basse du Rempart, sur le boulevard, à peu près à la place qu'occupe l'*Opéra*.

La princesse de Monaco avait été attirée sans doute à la rue St-Dominique par son grand-oncle l'évêque Grimaldi qui habitait là tout d'abord, et qui après avoir été évêque du Mans était devenu comte-évêque de Noyon et devait mourir archevêque de Besançon.

Comment cette princesse ne s'est-elle pas contentée du magnifique hôtel Matignon, rue de Varenne, qui appartenait à son mari, et a-t-elle voulu un autre hôtel, rue St-Dominique, alors que la Cour était à Versailles, et qu'elle y avait ses grandes et petites entrées ? C'est ce que les petits mémoires n'ont pas expliqué. Fantaisie de grande dame, sans doute. Toujours est-il qu'elle demanda à Brongniart de faire des merveilles : elle fut obéie.

L'hôtel s'élevait majestueux, entouré d'un vaste jardin à la française qui s'étendait jusqu'à la chapelle de Ste-Valère au coin de la rue de Grenelle. Il était précédé, comme aujourd'hui, d'une porte monumentale sur la rue St-Dominique, d'une longue allée de platanes et de bornes de granit reliés par de lourdes chaînes, et enfin d'une vaste cour d'honneur.

Destiné aux grandes réceptions, il avait une ajoute sur la rue St-Dominique, un autre hôtel qu'on appelait le petit hôtel, qui existe encore, au numéro 55, et qui était destiné au logement du personnel.

*
* *

La princesse de Monaco n'avait pas joui longtemps de son bel hôtel, quand la Révolution éclata.

Mais déjà ce quartier s'était peuplé de superbes hôtels ; la princesse avait pour voisins : le duc de Mirepoix, fils du maréchal mort en 1757, la princesse Kinsky, le comte de Caraman, petit-fils du célèbre Riquet qui avait fait le canal du Midi, le marquis de Seignelay, descendant de Colbert, et, dans l'hôtel de Comminges, Fanny de Beauharnais, un des beaux esprits de ce temps, chez qui fréquentaient La Harpe, Lacépède, Lalande, Dalayrac et beaucoup d'autres.

FAÇADE ET COUR D'HONNEUR

L'HOTEL DE MONACO PENDANT LA RÉVOLUTION

L'ÉMIGRATION avait fait le vide dans le faubourg Saint-Germain ; la princesse de Monaco ne fut pas des dernières à se réfugier en Allemagne où déjà le prince de Condé convoquait les gentilshommes français pour rentrer en France à la tête d'une armée. On sait ce qu'il en fut. La princesse à partir de cette époque, cesse d'avoir une histoire intéressante. On la devine facilement : belle à ravir, elle avait inspiré une vive passion au prince de Condé, qu'elle épousa en 1798, après la mort de son mari. Louis-Joseph, prince de Condé, avait alors soixante-et-un ans, il était veuf depuis trente-huit ans de sa première femme, fille du prince de Soubise.

La nouvelle princesse de Condé vécut en exil avec son mari et mourut en 1813. Son mari vit la Restauration, les cent jours, et mourut en 1818. L'ancien chef des émigrés avait la réputation, dans sa vieillesse, d'avoir un peu perdu son bon sens ; il savait qu'on le disait, et en profitait pour dire tout ce qui lui passait par la tête.

Il était le père du duc de Bourbon mort mystérieusement à Saint-Leu, le 27 Août 1830, et le grand-père du duc d'Enghien, dernier des Condé, fusillé dans les fossés de Vincennes, le 22 Mars 1804.

L'hôtel de Monaco appartenant à la princesse, fut confisqué conformément à la loi du 25 Décembre 1790, comme bien d'émigré, et loué avec ses meubles, à l'ambassade ottomane restée à Paris. Le bail expirait le 1er Octobre 1793 ; il fut renouvelé jusqu'en 1808.

Quant au petit hôtel situé sur la rue Saint-Dominique, il fut destiné d'abord à l'Administration des Secours, puis confié à l'Administration de la Guerre qui y logea le dépôt de la Légion germanique, une légion formée de déserteurs allemands.

Le coup d'Etat, ou plutôt le coup de main du 18 Brumaire allait changer la destination des deux hôtels.

SIÉYÈS

BONAPARTE aurait peut-être perdu la partie, au 18 Brumaire, sans le sang froid et l'audace de son frère aîné, Lucien.

Le vainqueur se demandait si la France accepterait cette révolution contre la Révolution, et pour s'assurer la popularité dont jouissait Siéyès, il lui fit accepter le poste de premier Consul, ne se réservant que la troisième place, après Roger-Ducos.

Siéyès était populaire, il est vrai. Il était de ceux qui avaient préparé la Révolution par sa célèbre brochure sur le Tiers-Etat, dont le titre un peu long a été résumé par cette phrase légendaire : « Qu'est le Tiers-Etat ? Rien. — Que doit-il être ? — Tout. »

Il avait de l'esprit, du jugement, de la finesse, mais il n'avait point de caractère. Habilement, pendant la Terreur, il avait louvoyé entre les Jacobins et les amis de Barras, se ménageant des amis dans tous les camps, et pouvant répondre à un ancien ami qui le retrouvait sous le Directoire et lui demandait ce qu'il était devenu pendant la Révolution :

— J'ai vécu !

Mot célèbre qui traduit brièvement la difficulté de vivre à cette époque.

Si diplomate qu'il fut, Siéyès se méprit sur sa situation vis-à-vis de Bonaparte. Il se prit au sérieux comme premier Consul, alors qu'il n'était qu'un paravent, et songea tout de suite à se débarrasser de ce dangereux général. Il crut y arriver en flattant sa vanité, et, comme il rédigeait la Constitution de l'an VIII, il proposa à Bonaparte de le nommer Grand Electeur, avec résidence au chateau de Versailles et une dotation annuelle de cinq millions. Le vainqueur d'Arcole sourit à cette proposition.

Siéyès comprit qu'il avait fait fausse route, alla dire à ses amis : « Nous avons un maître », et rédigea la Constitution de façon à plaire à Bonaparte qui ne l'admit même pas comme troisième Consul et le nomma président du Sénat, ce que Siéyès n'accepta que pour un temps.

Bonaparte devenu premier Consul, acheva d'annihiler Siéyès en lui faisant décerner par une loi du 18 Thermidor an VII, une récompense nationale :

« Attendu, dit la loi, qu'il est instant de donner des témoignages éclatants de gratitude à ceux qui ont rendu de grands services à la Patrie .... le domaine national de Crosne (confisqué), canton de Villeneuve-Saint-Georges, département de Seine-et-Oise, *ou tout autre domaine équivalent,* est décerné en toute propriété, pleine et entière, au citoyen Siéyès, à titre de récompense nationale. »

Nous avons souligné le passage « ou tout autre domaine équivalent », parce que c'était la porte ouverte à un échange ; et, en effet, Siéyès qui n'aimait guère la campagne, demanda aussitôt un échange contre des propriétés urbaines.

La négociation fut pénible. Enfin un arrêté des Consuls, du 9 Floréal, an VIII, autorisa l'échange avec les biens nationaux que voici : « 1° la ferme de la Ménagerie, bâtiments, friches et terrains des avenues ; 2° les maisons dites de la Douane, rue Choiseul, et de Monaco, rue Dominique, avec le mobilier national existant dans la seconde de ces maisons. »

Ce mobilier national était celui de la princesse de Monaco. Il était superbe, mais quelque peu malmené par l'abandon et l'occupation des turcs. On l'estima ainsi que l'hôtel.

On ne trouvait pas d'acheteurs pour les biens nationaux, depuis que quarante-cinq milliards en assignats avaient eu la prétention de représenter leur valeur, et étaient tombés si bas qu'il fallait trois cent quarante-quatre livres en assignats pour faire une livre ou franc en argent. En 1806 on avait aboli le cours forcé, et la circulation monétaire avait aussitôt reparu. Néanmoins le louis d'or qu'on avait payé jusqu'à 8.600 livres en assignats, était encore rare, et comme on ne pouvait plus payer les biens nationaux en assignats ou en mandats territoriaux, si ce n'est avec leur valeur marchande, les acheteurs étaient encore plus rare que les louis d'or. D'où une grande dépréciation des domaines et des immeubles confisqués.

L'hôtel de Monaco qui avait couté des sommes considérables fut estimé avec le terrain 80.000 francs, et le mobilier 30.000, ce qui n'était pas le dixième de la valeur primitive.

L'arrêté des Consuls stipulait que Siéyès ne prendrait pas possession de son hôtel avant un an, pour laisser le temps à l'ambassade ottomane de déménager. Il n'en prit jamais possession officiellement, l'ambassade ayant continué d'occuper l'hôtel jusqu'en 1808. Siéyès en profita pour ne pas payer les impositions, ce qui donna lieu à de longs démêlés. Il est vrai que l'administration des Domaines ayant fait estimer à nouveau le mobilier, réclamait à Siéyès le surplus de cette seconde estimation, 6,000 livres, ce qui parait assez mesquin.

On avait plaisanté Siéyès sur le don national qui lui avait été décerné et l'on avait fait le distique suivant qui dit assez que le public appréciait dès le lendemain du 18 Brumaire, les visées de Bonaparte.

Bonaparte à Siéyès a fait présent de Crosne ;
Siéyès à Bonaparte a fait présent du trône.

Simple sénateur, Siéyès qui avait été élu membre de l'Académie française en 1795, en fut de nouveau lorsque l'Institut fut rétabli. En 1808 Napoléon créa Siéyès comte, et le laissa vivre à peu près oublié dans son appartement de la rue de la Madeleine, aujourd'hui rue Boissy-d'Anglas.

Exilé comme régicide en 1819, Siéyès revint à Paris en 1830 et mourut en 1836, à l'âge de quatre-vingt-huit ans. L'ex-abbé ne s'était pas marié, mais il a laissé des neveux et nièces à qui il n'a pas légué l'hôtel de Monaco, par l'excellente raison qu'il l'avait vendu en 1808, au maréchal Davout.

LE MARÉCHAL DAVOUT
DUC D'AUERSTAEDT, PRINCE D'ECKMUHL

La plupart des livres consacrés à l'histoire de Paris mentionnent l'hôtel de Monaco comme ayant été acheté, en 1808, par le maréchal Berthier. Il y a eu confusion entre les deux maréchaux: Berthier, plus tard prince de Wagram et prince souverain de Neuchatel, avait eu l'hôtel du général Moreau, confisqué après la conspiration et la fuite de celui-ci.

Davout venait de recevoir de l'empereur une dotation de 910,000 livres de rentes sur des biens situés en Pologne et en Allemagne, lorsque, pour soutenir son rang, il écrivit de Varsovie à la maréchale, lui demandant d'acheter à Paris un hôtel digne de leur nouvelle fortune.

Siéyès fut enchanté de vendre l'hôtel de Monaco dont il ne faisait rien. Il se contenta d'un bénéfice raisonnable sur l'estimation de 1800. L'ambassade ottomane avait déjà évacué les locaux occupés par elle, et la maréchale qui logeait alors aux Tuileries, se hâta de faire exécuter les réparations nécessaires, et de remplacer l'ancien mobilier par un nouveau, à la mode du jour.

L'achat de l'hôtel fut signé le 16 Janvier 1808. Le 2 Juillet suivant, le maréchal Davout recevait le titre de duc d'Auerstaedt, et le 25 Novembre 1809, celui de prince d'Eckmühl. Il avait trente-huit ans.

La princesse d'Eckmühl, sœur du général Leclerc et belle-sœur de Pauline Bonaparte, était une personne fort agréable, très apte à recevoir dignement; mais ce temps de guerre se prêtait peu aux longs séjours à Paris, et la maréchale ne donna qu'une seule fête dans son hôtel, en 1811, et encore en l'absence du maréchal qui commandait alors le corps d'occupation à Hambourg, où il avait remplacé Bernadotte, devenu prince royal de Suède.

L'HOTEL VU DU JARDIN — EFFET DE NEIGE

Les maréchaux avaient ordre de l'empereur de déployer le plus grand luxe, et de ne sortir dans Paris qu'en berline de gala avec une escorte de dragons. Aussi avait-il dans les dépendances de l'hôtel, des écuries considérables et de grandes remises. Quand la coalition victorieuse eût supprimé, en 1814 et 1815, les dotations accordées par Napoléon à ses maréchaux et généraux dans toutes les parties de l'Europe, il ne resta au maréchal prince d'Eckmühl, que son traitement et peu de fortune. Aussi dut-il vendre ses chevaux, et il s'en allait à la Chambre des Pairs dans une modeste voiture dont le cocher devait descendre de son siège pour lui ouvrir la portière. Le maréchal s'en consolait plus facilement que le cocher.

Le prince d'Eckmühl est mort dans son hôtel, le 1er Juin 1823. La maréchale continua d'y résider jusqu'en 1838. Le 10 février de cette année, elle vendit l'hôtel principal, pour 720.000 francs, à un riche banquier hollandais, M. Hope, fixé depuis longtemps à Paris. Elle ne se réserva que le petit hôtel sur la rue Saint-Dominique, où elle est morte en 1868 ; il est habité aujourd'hui par sa petite-fille, la duchesse d'Albufera.

Elle avait perdu, en 1853, son fils mort sans alliance, et, en 1821, sa fille aînée, la comtesse Vigier. Elle ne laissait que deux filles : la comtesse de Cambacérès et la marquise de Blocqueville.

La descendance du maréchal est représentée aujourd'hui par le comte Vigier, la duchesse d'Albufera et la duchesse de Feltre.

Le maréchal avait fait divers aménagements autour de l'hôtel ; il avait, notamment, fait refaire le tympan de la grande porte d'entrée sur la rue, et y avait fait sculpter une panoplie d'armes qui fut supprimée vers 1840.

M. HOPE

M. William Hope était un original qui resta célibataire avec obstination et dépensa à peu près toute sa fortune en prodigalités de toutes sortes.

Le maréchal de Castellane raconte, dans son *Journal,* qu'en 1827, il alla à une soirée donnée par M. Hope qui habitait alors rue Neuve-des-Mathurins, et qu'il y vit des salons tendus de soie avec une profusion de galons d'or, de quoi fournir tous les généraux de l'armée.

Lorsqu'il acheta l'hôtel de Monaco, il projetait d'y donner de grandes fêtes, et il fît refaire tout l'aménagement intérieur, toute la décoration qu'il voulut aussi somptueuse que possible. Rien ne fut négligé par lui pour arriver à ce but, et c'est Versailles et le Palais-Royal qui fournirent le modèle des portes et des ornements des salons. Les marbres, les bronzes, la sculpture, la ciselure et la peinture, tout fut mis à contribution, et l'œuvre dont le *Moniteur Universel* fit mention comme d'une des merveilles de Paris, ne fut terminée qu'en 1841.

En 1838, M. Hope avait acheté le couvent et la chapelle de Sainte-Valère, sur la rue de Grenelle, pour la somme de 92.050 francs, et par leur démolition, il avait agrandi le jardin qu'il avait rempli de fontaines, de bosquets, de parterres et de rocailles.

Il n'y avait rien d'aussi beau à Paris que l'ensemble de cet hôtel et de son jardin, et l'on disait alors que M. Hope y avait dépensé plus de huit millions.

Malgré tant d'apprêts, M. Hope, resté célibataire, ne donna pas de grandes fêtes, mais il recevait beaucoup et magnifiquement. Sa table et ses cigares étaient également réputés. Ses écuries étaient splendides, et il avait installé un manège dans les dépendances de l'hôtel. On dit qu'il tuait d'un coup de pistolet le cheval qui avait cessé de lui plaire, mais c'est là une légende peut-être née d'un fait isolé.

D'autres soins que ceux de son hôtel absorbaient, et au-delà, les revenus de M. Hope, si bien qu'il se trouva à peu près ruiné lorsqu'il mourut, le 22 Janvier 1855.

Par son testament, il instituait comme légataire universel, un Anglais de ses amis, M. Hodgkinson Crosley « rentier à Douvres » ; mais celui-ci n'accepta l'héritage que sous bénéfice d'inventaire, et l'hôtel fut mis en vente publique le 19 Juillet 1855 et adjugé pour la somme de 1.204.584 francs « à Achille, baron Seillière et, pour moitié, à sa femme, Zoé Seillière. »

La maison voisine, qui portait alors le n° 133 de la rue Saint-Dominique, fut adjugée en même temps au baron Seillière, pour la somme de 192.000 francs.

M. Hope était collectionneur. On fit deux ventes publiques de ses tableaux et objets d'art, l'une le 16 Juin 1855, et l'autre, le 11 mai 1858.

SALON CARRÉ

LE BARON SEILLIÈRE

GRAND financier, possesseur d'une très belle fortune, le baron Seillière acheva de décorer l'hôtel avec autant de goût que de luxe.

Il avait trois enfants; le baron Raymond Seillière, le baron Franck Seillière qui a épousé la fille du général marquis de Galliffet et qui a hérité du château de Mello, et Jeanne Seillière qui épousa, le 2 septembre 1858, Boson de Talleyrand-Périgord, prince de Sagan, lieutenant aux Guides, né en 1832. fils de Louis, duc de Talleyrand et de Valençay, pair de France, duc de Sagan en Silésie, Altesse Sérénissime en Allemagne et membre de la Chambre des Seigneurs de Prusse, et de Alix de Montmorency.

Le duc de Talleyrand est mort en 1898. Le prince et la princesse de Sagan sont devenus, de ce fait, duc et duchesse de Talleyrand, Valençay et Sagan. La duchesse, on le sait, est morte à Loches, en 1905, laissant deux fils, dont l'aîné porte le titre de prince de Sagan, et le second, celui de duc de Valençay.

Le baron Achille Seillière, mort en 1873, légua l'hôtel à sa fille, la princesse de Sagan, à qui, depuis son mariage, il laissait le rôle de maîtresse de maison, lui donnant toute liberté pour ses invitations. De là les fêtes superbes qui n'ont pour ainsi dire jamais discontinué jusque vers 1890, et qui ont attiré dans cet hôtel toute la haute société parisienne et étrangère, le corps diplomatique, les princes d'Orléans, d'autres encore, notamment le prince de Galles, aujourd'hui Edouard VII, et le roi de Grèce.

ENTRÉE DES SALONS

LE PRINCE ET LA PRINCESSE DE SAGAN

Ce qu'était la princesse de Sagan, née Seillière, au temps de ces fêtes, ceux qui l'ont connue dans tout l'éclat de sa beauté peuvent le dire, et ils sont encore nombreux.

Voici le portrait qu'en traçait, il y a quelques années, le comte Fleury, fils du général comte Fleury :

« Une taille superbe, haute, fine, majestueuse, un visage agréable, l'esprit du monde moderne et l'art consommé de la toilette firent de la fille du banquier Seillière l'une des femmes les plus remarquées de son temps.

« Une femme qui sait recevoir » disait le prince de Galles, qui fut plusieurs fois son hôte à Paris et à Cannes, et qui était un arbitre incomparable.

« C'est, en effet, un exemple typique de ce que peut réaliser la merveilleuse souplesse d'une française. Nous sommes en face d'une grande dame héritière des traditions internationales du Congrès de Vienne, des élégances sobres et joyeuses du second empire, ressuscitant sur le tout je ne sais quel ragoût du dix-huitième siècle ».

Les amies de la princesse étaient, à l'époque de l'empire, et plus tard aussi : la princesse de Metternich, femme de l'ambassadeur d'Autriche-Hongrie ; la marquise de Galliffet ; la comtesse Edmond de Pourtalès ; la comtesse de Montgomery ; la comtesse de Moltke-Hwitfeld, et, plus tard, la comtesse de Gouy, née Abeille, aujourd'hui vicomtesse de la Redorte. Les habitués de son salon étaient choisis parmi les plus spirituels et les plus élégants, sans distinction de rang. Eclectique dans ses goûts, la princesse estimait le mérite au-dessus de la naissance et, avec une grâce infinie, elle savait mettre en relief la valeur personnelle de ses intimes. Parmi les plus fidèles, il faut citer M. Charles Bocher, ancien officier de marine, mort il y a quelques années, et qu'on appelait « le plus ancien abonné de l'Opéra ». C'était, en effet, un parisien des plus fins et des plus gais, qui connaissait le monde à merveille et était recherché partout par sa bonne humeur, ses boutades et son entrain.

Le prince de Sagan, aujourd'hui duc de Talleyrand est, depuis douze ans, dans un état de santé qui l'éloigne du monde ; mais, jusque-là et depuis sa brillante jeunesse aux Guides de l'Impératrice, il fut l'homme de Paris, le plus élégant, le plus écouté, le plus recherché, l'arbitre suprême du goût, du monde, des fêtes et des sports.

Grand, de taille souple et mince, les cheveux bouclés et un peu soulevés, paraissant poudrés lorsqu'ils étaient blancs, le monocle retenu par un large ruban, le prince de Sagan avait une élégance toute personnelle qui ne devait rien aux modes anglaises. Ses vêtements n'étaient jamais complètement ajustés et avaient le cachet que peuvent donner la tournure et les façons d'un grand seigneur. Il dictait la mode sans qu'on pût l'imiter.

Il avait aussi le secret des grandes traditions ; rien ne se faisait que d'après son avis ; rien de ce qu'il faisait ne pouvait être critiqué. C'est lui qui a organisé les courses d'obstacles à Vincennes, sous l'empire, puis, après la guerre, les steeple-chases d'Auteuil dont il sut orner les tribunes avec un goût parfait. Longtemps, il fut président du Cercle de la rue Royale, et c'est lui aussi qui a organisé les mardis de la Comédie-Française, et mis en train une foule de choses qui durent encore.

LES FÊTES

La comédie de société était à la mode sous l'empire; on la jouait à Compiègne, dans les châteaux et les salons. La plus belle fête de ce genre eut lieu précisément à l'hôtel de Sagan en 1862.

La *Société des Amis de l'Enfance* était alors présidée par l'impératrice, et tout le monde s'intéressait à cette œuvre charitable qui donnait d'excellents résultats. C'est au profit de cette œuvre que le comte Léon de Béthune eut l'idée de donner trois représentations payantes de *Henri III et sa Cour*, d'Alexandre Dumas père, joué par des femmes et des hommes de la meilleure société. C'est à l'hôtel de Sagan, dans le manège disparu depuis lors, et attenant à la rue de Constantine, que furent dressées la scène et la salle de spectacle.

Henri III et sa Cour, n'avait pas été joué depuis 1829, et la splendeur des costumes et des décors devait, avec la qualité des acteurs et des actrices, attirer tout le monde parisien. Ce fut nécessairement un succès sans pareil.

Mme Abeille remplissait le rôle de Catherine de Médicis, avec un costume étourdissant de richesse et d'exactitude; mais le plus grand succès fut pour une jeune femme d'une rare beauté, qui faisait ses débuts dans le monde, la comtesse Edmond de Pourtalès, qui remplissait le rôle de la dame d'atours. Lorsqu'elle parut en scène avec ce costume de la Renaissance qui seyait à merveille à sa beauté, il y eut dans la salle une explosion d'admiration et d'enthousiasme.

La princesse Charles de Beauvau remplissait le rôle de la duchesse de Guise, et jouait avec talent. Mais le plus parfait acteur fut le vicomte de Magnieu, dans le rôle de Saint-Mégrin. A côté de lui, on applaudit aussi le marquis de

GRAND ESCALIER

Mornay dans le rôle de Henri III, et M. Maurice Cottier, dans le rôle de Ruggieri.

On ne saurait recueillir ici le récit de toutes les fêtes données à l'hôtel de Sagan. Nous ne rappellerons que les plus célèbres. L'empire était tombé ; la guerre avait jeté un voile de deuil sur la France, et les fêtes ne reprirent guère qu'en 1873.

Nous voici en 1880. La princesse de Sagan envoie dans la société parisienne quinze cents invitations pour un bal costumé, et se voit dans l'obligation d'en refuser autant.

Ce fut une soirée inoubliable pour ceux qui se trouvaient parmi les invités. La princesse reçut ses invités en costume d'Esther triomphante.

Nous avons sous les yeux sa photographie en ce ravissant costume imité de celui dans lequel Vanloo peignit un jour Mme de Pompadour. C'était une sorte de costume persan : large pantalon de satin cerise brodé d'or ; mules brodées de perles ; jupe courte brodée de soie et d'or ; corsage ajusté et décolleté en carré, semé de fleurs brodées, sous une sorte de redingote ouverte d'où s'échappait une longue traîne en velours mousse, portée par un négrillon. Sur les cheveux blonds tressés de perles, une aigrette diamantée s'élevait d'une touffe de plumes blanches, et la princesse tenait à la main un éventail de plumes d'autruche avec miroir central, tel qu'on les fait en Perse.

L'escalier donnait l'impression d'un tableau de Véronèse, avec les costumes multicolores des invités qui montaient ou qui se penchaient sur la balustrade.

Beaucoup d'hommes étaient en manteau vénitien, mais les invitées avaient revêtu les costumes les plus séduisants : la comtesse Greffulhe était en Diane ; la marquise de Galliffet doublait le même rôle, mais en blonde, ne voulant pas paraître en Vénus ; et la comtesse Aimerey de la Rochefoucauld en Minerve. Le berger Pâris eut été embarrassé de donner la pomme.

Beaucoup de bergères Florian, de bouquetières, d'orientales, de bohémiennes, refusant de dire la bonne aventure. Deux sœurs représentaient l'Été et l'Hiver. Mme Schneider était en Phœbé, la coiffure semée d'étoiles de diamants et recouverte d'un long voile de tulle noir. On remarquait encore des sultanes, une Diane de Poitiers, une Cérès, une Colombine, et des Incroyables ; la princesse de Léon, aujourd'hui duchesse de Rohan, était en *merveilleuse* Louis XVI.

Les salons resplendissaient sous la lumière électrique alors à ses débuts. Dans le premier salon or et pourpre, une nymphe de marbre souriait parmi les plantes vertes et les fleurs. Le salon du milieu était tendu de brocart à fond blanc, avec semis de branches de roses. Dans le troisième salon, quatre magnifiques Gobelins, et plus loin, la galerie des fêtes où les danses étaient interrompues à minuit pour le souper servi dans la vaste salle à manger. Les tables offraient à elles seules un coup d'œil admirable par l'éclat des pièces d'argenterie, les pièces uniques de Sèvres en rose Dubarry, et les fleurs semées en abondance.

A cette fête assistaient le roi de Grèce et tous les princes d'Orléans.

Un temps d'arrêt se manifeste à ce moment dans les réceptions mondaines : l'expulsion des congrégations, la mort du comte de Chambord en 1883, obligent le faubourg Saint-Germain à une certaine réserve. Elles reprennent en 1884, et c'est alors, à l'hôtel de Sagan, une réception des plus pittoresques : le *bal des paysans* qui est resté célèbre. Chacun y portait un costume populaire. Toutes les coiffes de Normandie et de Bretagne, d'Auvergne et de Bresse furent mises en réquisition, aussi bien que les costumes des bergères Watteau. Quant aux hommes, comtes, barons, ducs et marquis, tous avaient rendu très élégants les costumes bretons ou auvergnats, jusqu'à la blouse et au large feutre des forts de la Halle. N'avait-on pas vu, à la fin de l'Empire, un bal des plus aristocratiques dont tous les invités avaient revêtu une livrée. L'un faisait l'huissier à l'entrée des salons, l'autre aidait au vestiaire sans qu'on put le reconnaître et se permettait alors des familiarités qui indignaient d'abord et amenaient en suite un long éclat de rire. Un brillant officier, devenu depuis lors général et ministre de la guerre, était ce jour-là en mitron, assis sur l'escalier avec un panier à petits fours, cinglant de ses quolibets les nouveaux arrivants.

Toutes les plaisanteries sont bonnes entre gens qui se connaissent et peuvent se les pardonner mutuellement sans en parler au dehors.

*
* *

Mais voici, le 2 Juin 1885, à l'hôtel de Sagan, le fameux *Bal des Bêtes* qui fit tant couler d'encre. Chaque invité ou invitée devait représenter un animal quelconque. La princesse de Sagan était en paon, la tête de l'oiseau se détachant d'un diadème superbe, dans sa coiffure médicis. Sa jupe de satin bleu était voilée de point de Venise or et argent, laissant apparaître des plis de satin brodés de plumes de paon. Le corsage formait le corps de l'oiseau, et une longue traine de satin cuivre était brodée d'yeux de plumes de paon. Une queue de paon en éventail, encadrait la taille.

Comme pour noter et nommer les nouveaux arrivants, le baron Raymond Seillière était auprès de sa sœur, portant l'habit, le jabot et les manchettes de dentelle de M. de Buffon, tenant d'une main un volume de son Histoire Naturelle, et de l'autre une plume.

On éprouve un singulier effet de recul en relisant les noms des invités. Vingt-quatre ans à peine nous séparent de cette date, et quantité de ceux et de celles qui s'amusèrent tant ce soir là, ont disparu pour toujours.

Laissons donc ces physionomies d'alors, regrettées ou devenues graves et mélancoliques, s'estomper dans l'ombre des soirs d'automne, et bornons-nous aux costumes. Voici une des plus jolies personnes du Paris d'alors, veuve et remariée depuis, en ibis rose. Une autre qui fut mêlée à un drame, était en libellule et vraiment ravissante ; une autre en chauve-souris, dont la grâce pouvait supporter un tel travestissement. Une personne des plus aimables et des plus adulées s'était fait une coiffure enroulée de serpents ; ses bras et son corsage en était entourés. Une duchesse, morte il y a quelques années, était en pélican, bien que, fort riche, elle n'eût pas besoin de « se percer le flanc pour nourrir ses enfants. »

SALLE DES FETES

On admirait des papillons, des hirondelles, des mouches d'or, un merle blanc, une souris blanche, un oiseau bleu, une pie, un oiseau mouche, un colibri, un cygne. On vit même une femme-panthère, une langouste et aussi une sauterelle, ce qui était bien parisien.

Quant aux hommes plusieurs s'étaient habillés en coq, ce qui est flatteur, en canard, en chouette, en héron, en dindon, ce qui exige beaucoup d'esprit. On vit même un aigle, ce qui n'implique pas nécessairement du génie, et un jeune serin dont le père avait pourtant beaucoup d'esprit et qui promettait d'en avoir autant.

A un moment donné une bande d'habits rouges fit son entrée avec des têtes de chiens de chasse. La meute aboyante était conduite par un habile piqueur.

Dans la galerie des fêtes l'orchestre Desgranges installé derrière un treillage de pampres et de feuilles de vignes, alternait pour les danses, avec un orchestre de cent musiciens installé sous les fenêtres ouvertes, sur la grande terrasse de l'hôtel.

A un moment donné un roulement de tambour se fit entendre et une grande ruche d'or apparut dans la galerie des danses. Un essaim d'abeilles en sortit. Entourées aussitôt par un essaims de frelons, elles dansèrent avec eux un ballet réglé par Petitpas, de l'Opéra, et ce fut un tel succès qu'il fallut recommencer.

Un souper et un cotillon terminèrent cette fête quand déjà il faisait grand jour.

*
* *

D'autres fêtes qui réunissaient toujours un milliers d'invités, succédèrent à celle là, mais avec moins d'éclat, sauf une *Fête Villageoise* donnée l'après-midi, dans le jardin, avec costumes, jeux et danses.

Peu à peu le silence se fit dans cette somptueuse demeure, surtout à partir du jour où le prince de Sagan frappé d'une maladie incurable, reçut à l'hôtel, les soins attentifs de la princesse.

UNE PORTE DANS LA SALLE A MANGER

Pourtant le 12 Juin 1900, en pleine Exposition Universelle, une grande Fête de Charité eut encore lieu dans les jardins de l'hôtel. La princesse devenue duchesse de Talleyrand et Sagan ouvrit même ses salons pour la représentation en matinée dont le bénéfice était destiné à l'*Œuvre des Tuberculeux*, de l'Avenue de Neuilly, et à la *Société des Amis de l'Enfance*.

Après un ballet dansé par Mlles Zambelli et Piodi, de l'Opéra, on joua une spirituelle et amusante *Fantaisie-Revue*, écrite par le marquis de Massa, et jouée par Mlles Leconte, de la Comédie française, Marguerite Deval, Madeleine Dolley et Marguerite Lavigne. Les acteurs étaient : le comte André de Ganay, le comte Gérard de Ganay, M. Cécil Barclay, le marquis de la Rochefontenilles et M. Roger Batbedat.

Les places à cinquante francs furent enlevées bien avant le jour marqué, et cette matinée, pour les pauvres et les malades, clôtura dignement la brillante série des fêtes de l'hôtel de Sagan.

DESCRIPTION DE L'HOTEL

Nous avons dit qu'après le portail monumental qui se dresse au 57 de la rue St-Dominique, une longue allée de platanes séculaires conduit à la cour d'honneur encadrée par l'hôtel et ses ailes plus basses.

L'hôtel apparaît imposant, bien qu'il n'ait qu'un seul étage au dessus du rez-de-chaussée, comme tous les beaux hôtels d'autrefois. Un large portique précède l'entrée centrale ; il abritait les voitures pour l'entrée et la sortie des invités, lorsque les réceptions avaient lieu au rez-de-chaussée ou au jardin. Les grands appartements sont au premier et ont une autre entrée sous une voûte conduisant à la rue de Constantine et à l'esplanade des Invalides. Les grandes fêtes du soir avaient pour cadre les salons du premier étage.

Il n'y a pas grand chose à dire des salons du rez-de-chaussée, bien qu'il soient nombreux et superbes : quatre grand salons sur le jardin et un petit salon boisé donnant sur la salle à manger dont les portes et les fenêtres sont d'acajou massif.

Sur le jardin, une large terrasse court le long de la façade ; ses extrémités avancent en carré, encadrées d'une balustrade.

Mais voici une grande réception du soir : les voitures tournent à droite dans la cour et s'arrêtent sous la voûte. Les invités pénètrent dans une première galerie et arrivent au vestibule où se tient un hallebardier superbe et de nombreux valets de pieds portant la livrée rouge des Sellière et la perruque poudrée. Le vestiaire est auprès de ce vestibule, et voici les invités gravissant le superbe escalier.

Une des merveilles de Paris, ce grand escalier ; le Louvre n'en a pas de pareil. Il s'élève en droite ligne jusqu'au premier étage, entre deux rangs de balustrades qui le dominent dans l'immense vestibule dallé de marbre, du premier étage. Aux quatre angles de la balustrade, des colonnes s'élèvent, soutenant la superbe voûte à caissons dont la hauteur atteint celle de l'hôtel lui-même. Tout est blanc avec la pierre sculptée, mais sur la balustrade qu'entoure un passage, on jetait des étoffes qui alternaient avec des torchères; et là, penchés en avant, les premiers arrivés, après avoir salué la maîtresse de maison, venaient regarder curieusement les toilettes et la démarches de ceux et de celles qui, à leur tour, gravissaient cet escalier royal.

C'est qu'il y a manière de monter un tel escalier, comme celui de l'Opéra, sous les regards attentifs de sévères critiques.

En face l'escalier, une admirable porte de noyer sculpté encadrée par la pierre sculptée, donne accès au premier salon et c'est là que se tenait la princesse, à moins que l'étiquette ne l'obligeât à descendre jusqu'au vestibule pour recevoir quelque prince du sang ou un souverain.

Ce premier salon qui donne sur la cour, n'est en réalité qu'une première entrée aux grands salons qui donnent tous sur le jardin.

Ces grands appartements se composent de cinq pièces en enfilade, tous d'une magnificence digne de Versailles. Trois salons à peu près carrés, au centre; et, aux extrémités, deux immenses galeries voûtées, le salon de danse à droite, la salle à manger à gauche; l'une et l'autre ayant huit mètres de hauteur.

Dans les voussures où l'or se mêle aux ornements, sont encadrées d'admirables peintures d'Oudry, personnages et animaux, et des panneaux de fleurs peints par J.-B. Monnoyer (1). Des demi-colonnes cannelées et dorées séparent les panneaux d'une richesse inouïe. Trois grandes fenêtres éclairent chacune de ces pièces.

---

(1) On sait que Jean-Baptiste Oudry a été le plus grand peintre d'animaux et de fleurs du dix-huitième siècle. Né en 1686, à Paris, il est mort en 1755, à la manufacture de Beauvais dont il était le Directeur.

Jean-Baptiste Monnoyer, né à Lille en 1634, mort à Londres, en 1699, signait *Baptiste*. Il a été un maître dans la peinture des fleurs.

GRANDE SALLE A MANGER

Dans la salle à manger qui peut facilement donner place à cent cinquante couverts, les marbres remplacent les colonnes dans l'encadrement des panneaux et des portes. Les voussures sont tout aussi belles, et les panneaux sont peints par les mêmes grands artistes.

Ce que nous venons de décrire n'est pas tout l'hôtel, car il reste encore de nombreux appartements privés dont le luxe tenait plus au goût qu'à la richesse de l'ornementation.

Tel est cet hôtel dont les fastes méritaient d'être racontés, et dont la splendeur mérite l'attention de tous les curieux du vieux Paris.

J. SILLERY.

FIN

www.ingramcontent.com/pod-product-compliance
Ingram Content Group UK Ltd.
Pitfield, Milton Keynes, MK11 3LW, UK
UKHW032021260826
14628UKWH00006B/2634

9 782013 65329